Ce livre appartient à :

....

Disney
Les Fées

Clochette et le Secret des Fées

hachette
JEUNESSE

Dans notre monde, les saisons se tiennent la main, comme une jolie ronde sans fin. Mais dans la Vallée des Fées, ce pays où règne la magie, elles continuent d'exister, d'un bout à l'autre de l'année.
Fées de l'hiver d'un côté, fées de l'automne, du printemps et de l'été de l'autre. Elles ont beau vivre séparées, cela ne les empêche pas de s'entraider…

Ainsi, ce jour-là, les fées bricoleuses réalisaient des paniers destinés à leurs amis de l'hiver. Comme à son habitude, Clochette mettait tout son cœur à l'ouvrage. Mais quelque chose la titillait. Elle ne put s'empêcher d'en parler à Clark et Gabble.

– C'est injuste ! Nous n'aurons même pas le droit de livrer les paniers que nous avons fabriqués !

Depuis longtemps, Clochette rêvait secrètement de pouvoir visiter la Forêt d'hiver. Mais il était interdit aux fées des saisons chaudes de franchir le pont les séparant de l'hiver. Comme si de rien n'était, elle proposa à Noa de l'accompagner jusqu'à la frontière. Son amie devait aider des animaux à passer de l'autre côté.

– Mais nous n'avons pas le droit de les suivre ! lui rappela toutefois Noa.

Juste après, Noa dut s'occuper d'un animal qui avait déjà commencé à hiberner.

– Oh non, tu dois faire ça en hiver ! lui dit-elle.

Pendant que son amie avait le dos tourné, Clochette en profita pour avancer sur le pont. À chaque pas, l'air devenait de plus en plus piquant et froid. Mais il en aurait fallu bien plus pour décourager la petite fée. L'envie de découvrir ce monde inconnu était trop forte…

En posant un pied sur le sol gelé, Clochette écarquilla les yeux, émerveillée. C'était encore plus beau qu'elle ne l'avait imaginé. Ébahie, la fée bricoleuse contempla la valse légère des flocons qui voltigeaient dans les airs. Elle en oublia le froid, et le fait qu'elle n'avait absolument pas le droit d'être là ! Soudain, ses ailes se mirent à scintiller, et au loin, elle entendit un son étouffé. Le rire d'un bébé…

À cet instant, Noa l'attrapa avec son lasso, et la ramena en automne, en la sermonnant copieusement.

– Je t'avais prévenue ! Les fées de l'automne ne sont pas autorisées à traverser la frontière.

Mais sa colère s'envola aussi rapidement qu'un flocon. Les réprimandes attendraient. Clochette, dont les ailes étaient frigorifiées, avait d'abord besoin d'être soignée.

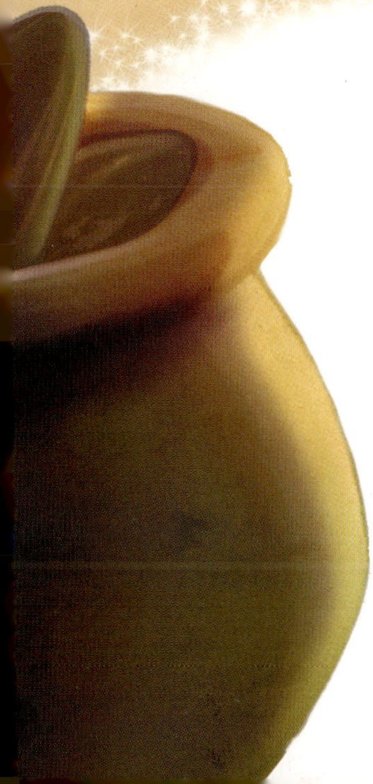

Noa se dépêcha de l'emmener à l'infirmerie, où une fée guérisseuse entreprit de réchauffer les ailes de Clochette à l'aide d'une lampe spéciale. Bientôt, ses amies accoururent à son chevet. Elles étaient toutes mortes d'inquiétude. Pour une fée, perdre ses ailes était la pire chose qui pouvait arriver…

Les soins prodigués firent des merveilles, à la plus grande joie de la petite assemblée. Cependant, la malade semblait toujours préoccupée. Lorsqu'elle se trouvait à l'entrée de la Forêt d'hiver, quelque chose d'étrange s'était passé : le scintillement…
– Cela devait être dû à la lumière qui se réfléchissait dans la neige, commenta la fée guérisseuse.
Clochette ne fut pas très convaincue. Son instinct lui soufflait qu'il devait y avoir une autre explication…

Bien décidée à résoudre ce mystère, Clochette se rendit à la bibliofée. Au bout d'un moment, elle mit la main sur le livre qu'elle cherchait. Malheureusement, en l'ouvrant, elle constata qu'il était en partie grignoté par un vermisseau ! Elle demanda alors conseil à un homme-oiseau qui se trouvait là.

– Tu devrais consulter le Gardien des Connaissances Féeriques, lui répondit-il. Lui seul serait capable de t'aider. Mais il vit dans la Forêt d'hiver.

Décidément, tous les chemins semblaient mener Clochette vers le pays de l'hiver…

Pixie
Pixie
Sparkling wings
most
That.

Le lendemain matin, Clochette enfila son manteau le plus chaud, en prenant bien soin d'emmitoufler ses ailes pour qu'elles n'attrapent pas froid. La fée fourra ensuite le livre dans sa besace. Évidemment, il lui était impossible de voler ainsi habillée, mais Clochette n'était jamais à court d'idée. Avec agilité, elle se hissa à l'intérieur d'un panier à flocons, ni vue, ni connue...

Mais Gabble et Clark l'aperçurent. Ils tentèrent de la dissuader. Vouloir se rendre dans la Forêt d'hiver était un projet des plus risqués ! Mais la Fée Marie donnait déjà le signal de l'envol, et une chouette se chargea de prendre le panier. Un moment déstabilisé, l'oiseau finit par emporter la fée bricoleuse, loin dans le ciel...

Après quelques instants, Clochette sentit un vent glacial lui fouetter le visage. Lorsqu'elle leva les yeux, elle aperçut une magnifique vallée enneigée qui s'étalait à perte de vue.
– J'y suis arrivée ! s'écria-t-elle, victorieuse.
Mais, un homme-oiseau des animaux, nommé Surf, ne tarda pas à approcher.
– Prêt pour la chute ? demanda-t-il à l'oiseau.
Panique à bord ! D'abord hésitante, la chouette amorça un grand plongeon dans le vide, avant de lâcher le lourd panier, comme elle le pouvait…

Le panier tomba droit sur un beau tas de flocons, en les éparpillant. Pendant que des fées s'affairaient à les ramasser, Clochette n'avait qu'une idée en tête : récupérer son livre, éjecté durant l'atterrissage.

Par chance, le Seigneur de l'hiver regardait ailleurs. Clochette tendit le pied pour attraper le précieux ouvrage.

Mais le livre glissa sur le sol gelé, tant et si bien qu'il termina sa course aux pieds du souverain ! Un rien surpris, ce dernier chargea Surf de l'emporter au Gardien afin qu'il le renvoie d'où il venait. Clochette devait agir, et vite ! Elle suivit Surf jusqu'au Palais d'hiver, puis attendit son départ pour se faufiler à l'intérieur...
Là, face au Gardien, Clochette aperçut l'ombre d'une fée aux ailes scintillantes.

Clochette n'en crut pas ses yeux : ses propres ailes s'étaient mises à briller, elles aussi ! L'autre fée, qui répondait au joli nom de Cristal, la considéra avec ravissement. Quant au Gardien, une fois sa stupeur passée, il ne tarda pas à comprendre. Il les conduisit dans une autre salle et commença à leur expliquer...

Comme chacun le sait, les fées naissent grâce aux rires des bébés. Des années auparavant, l'un de ces rires s'était séparé en deux, donnant vie à deux fées, l'une en automne, l'autre en hiver. Ainsi, Clochette et Cristal étaient sœurs !

– Voilà pourquoi vos ailes scintillent, expliqua le Gardien qui s'appelait Darwin. Elles sont identiques !

Très vite, les fées découvrirent qu'elles avaient beaucoup
en commun, et notamment leur amour des pompons.

Tout à coup, la voix de Lord Milori retentit entre les murs du palais. Les fées, affolées, filèrent se cacher.

– Gardien ? Vous êtes ici ?

Depuis qu'il avait trouvé le livre à ses pieds, le Seigneur s'inquiétait : l'objet n'avait pas pu voyager tout seul jusqu'à la Forêt d'hiver !

– Darwin, si une fée des saisons chaudes vient vous voir, vous devrez la renvoyer chez elle, immédiatement ! Personne n'a le droit de franchir la frontière.

L'ordre était sans équivoque : Clochette devait partir. Mais les deux sœurs étaient tellement heureuses. Quel doux sentiment de savoir qu'on n'est plus seule, qu'il existe dans le monde quelqu'un qui vous comprend parfaitement… Aussi, le Gardien n'eut pas le cœur de les séparer. Il les autorisa à passer un peu de temps ensemble, avant le départ de Clochette.

Clochette et Cristal voulurent profiter au maximum des heures que Darwin leur avait accordées. Elles parlèrent sans discontinuer, chacune voulant tout savoir de l'autre.

Cristal emmena Clochette visiter la Forêt d'hiver. Au programme, courses en luges glacées, avec ses amis Schuss et Ballerine ! L'après-midi passa en un éclair. Les deux sœurs s'entendaient si bien…

Le soir venu, le froid s'accentua. Clochette alluma un feu et les fées purent ainsi discuter jusque tard dans la nuit. Curieuse, Cristal interrogea sa sœur sur l'endroit où elle vivait et Clochette lui parla de toutes les belles choses qui l'entouraient. À l'écouter, ça paraissait si beau ! Cristal rêvait de pouvoir un jour les voir, en vrai.

Hélas ! les rêves ne deviennent pas toujours réalité, et quand la maison de Cristal commença à fondre à cause du feu allumé par Clochette, les deux sœurs durent se séparer.

– Lord Milori a raison : franchir la frontière est trop dangereux, affirma le Gardien.

Tandis qu'il surveillait Fiona, son lynx des neiges, Clochette murmura quelques mots discrets à l'oreille de Cristal…

De retour dans la Vallée des Fées, Clochette savait où aller. Chez Gabble et Clark. Mais en approchant de leur maison, elle se retrouva prisonnière d'un filet ! Il s'agissait de leur dernière invention : un piège à trolls. Ces deux-là se montraient toujours très ingénieux. Une fois libérée, Clochette leur annonça la raison de sa venue : elle avait un service à leur demander…

Ensemble, ils se mirent au travail, et très vite, d'autres amis vinrent leur donner un coup de main. Clochette eut beau essayer de ne pas parler de Cristal, son secret était trop gros pour pouvoir être gardé ! Elle raconta son incroyable journée à ses amis, qui l'écoutèrent, stupéfaits. Ainsi, Clochette avait une sœur, et en plus, elle était…

– Extraordinaire ! soupira la fée bricoleuse. À travers ses paroles, on sentait à quel point elle l'aimait déjà…

Le lendemain, à l'heure convenue, Cristal rejoignit la frontière, avec ses amies les fées du givre et un énorme bloc de glace.
Quand Clochette, Clark et Gabble arrivèrent à leur tour, avec un drôle d'appareil, les fées de l'hiver furent d'abord étonnées. En l'observant plus attentivement, elles finirent par comprendre : un canon à neige, quelle brillante trouvaille !

Clark et Gabble n'eurent plus qu'à charger la glace dans la machine, et le tour fut joué ! Un instant plus tard, le bloc se transforma en une jolie neige, poudreuse à souhait.

– Tu as réussi ! s'écria Cristal, folle de joie.

Grâce à cette invention, elle allait pouvoir réaliser son rêve et visiter le monde de Clochette ! La fée de l'hiver se mit à virevolter gaiement dans la cascade de flocons, sous le regard comblé de sa sœur.

Les amis de Clochette étaient eux aussi enchantés d'accueillir Cristal, et ils mouraient d'impatience de la présenter à la reine Clarion.

– Quand elle apprendra la vérité, la reine obligera Lord Milori à changer ses règles, déclara Clochette, pleine d'espoir.

Maintenant qu'elle avait une sœur, la fée bricoleuse ne voulait plus la quitter.

Au fur et à mesure de sa visite, Cristal n'eut pas assez d'yeux pour tout regarder. Elle resta époustouflée devant un splendide tapis de fleurs. Mais le plus beau pour elle fut encore la découverte d'un arc-en-ciel ! Elle qui avait grandi dans un pays blanc immaculé était éblouie par ce nouveau monde coloré.

Durant leur promenade, Rosélia cueillit une fleur et l'offrit à leur invitée.

– Tu vois, ça s'appelle une Pervenche.

– Oh, merci ! s'exclama Cristal. Je la regarderai toujours.

De son côté, Clochette savourait le bonheur d'annoncer à la vallée entière qu'elle avait une sœur.

La fée de l'hiver brandit la petite fleur et la recouvrit de givre, qui se mit à étinceler sous les rayons du soleil. Un spectacle magique, qui symbolisait à lui seul la rencontre entre deux saisons. Les autres fées en restèrent béates d'admiration.

Mais après quelque temps, Cristal s'affaiblit brusquement. Ses ailes flétrissaient à vue d'œil, comme deux pétales sous la chaleur ! En examinant leur machine, Clark et Gabble constatèrent que la glace commençait à manquer. Sans neige, il leur serait impossible de maintenir la fée de l'hiver au frais.

Ils la ramenèrent à la frontière, juste au moment où la machine lâchait son dernier flocon. Cristal était si faible, que ses amis durent la transporter de l'autre côté. Lord Milori surgit, le visage sévère, mais Clochette refusa d'abandonner sa sœur.
Vidia fut obligée de la tirer gentiment par le bras…

Le Seigneur de l'hiver demanda à Cristal de déployer ses ailes sous l'air froid, afin de les soigner. Heureusement, elle n'était pas restée trop longtemps en automne.

– Vos règles ne réussiront pas à nous séparer ! se révolta Clochette.

Lord Milori et la reine Clarion refusèrent de l'écouter. Cette loi avait été édictée pour protéger les fées. Clochette et Cristal ne se reverraient jamais. Dire qu'elles venaient à peine de se rencontrer...

Pour les décourager définitivement, le Seigneur de l'hiver savait ce qu'il lui restait à faire. Il enfourcha sa chouette, et survola le pont séparant les deux mondes. Parvenu près du canon à neige, l'oiseau l'envoya valdinguer dans le ruisseau. Mais au lieu de tomber dans la chute d'eau, la machine se retrouva coincée sur le rebord…

Chacun de leur côté, les souverains essayèrent de consoler les deux sœurs, en leur racontant une histoire. Ils espéraient ainsi leur faire comprendre pourquoi les fées de l'hiver et celles des autres saisons ne devaient jamais se côtoyer.
Il y avait bien longtemps, un homme-oiseau de l'hiver et une fée des saisons chaudes tombèrent amoureux l'un de l'autre…

Chaque jour, au coucher du soleil, le couple se donnait rendez-vous à la limite entre les saisons. Mais un beau matin, l'homme-oiseau prit le risque de franchir la frontière... et il en perdit une aile. La reine Clarion avait alors décrété que plus jamais, une fée de la Vallée ne se rendrait en hiver.

Tout en l'écoutant, le regard de Clochette se perdit à travers la fenêtre : ça alors, il neigeait !

Suivie par Clochette, la reine Clarion s'envola à tire-d'aile, avec les ministres du printemps, de l'automne et de l'été dans son sillage.
– Ne cédons pas à la panique, dit la reine, alors que, devant eux, se dressait un gigantesque tourbillon neigeux !

Les fées atteignirent rapidement le ruisseau, où la machine, bloquée sur le rebord glacé, fabriquait des myriades de flocons. Et même si, avec l'aide de leurs amis, Clark et Gabble réussirent finalement à faire tomber l'appareil dans l'eau, il faisait de plus en plus froid aux alentours. La tempête se dirigeait droit vers la vallée.

– L'équilibre des saisons est en danger ! s'écria la reine Clarion.

Si par malheur, il se mettait à geler en automne, la Vallée des Fées serait menacée. Imaginez… Le Grand Arbre pourrait mourir, et sans lui, plus de poussière de fée ! Il fallait absolument empêcher cette catastrophe d'arriver. Pendant que des fées couvraient l'arbre de mousse, d'autres aidèrent les insectes et les animaux à trouver un refuge.

Clochette emmena chez elle les cloportes et d'autres petits animaux, afin de les mettre au chaud. Elle fut surprise de découvrir que durant son absence, la pervenche cueillie par Rosélia avait continué de s'épanouir, malgré son écrin givré. Elle était même plus belle que jamais ! Clochette eut alors une idée, mais elle allait avoir besoin de l'aide de sa sœur...

La courageuse petite fée ne put survoler l'hiver bien longtemps. Elle chuta sur le sol à cause de ses ailes gelées. Quand Cristal et ses amis arrivèrent près d'elle, Clochette leur montra la fleur qu'elle avait emportée. Schuss ne fut pas étonnée. Elle lui expliqua que le givre avait protégeait la fleur en conservant la chaleur à l'intérieur. Clochette retrouva espoir : grâce à cette découverte, ils allaient peut-être pouvoir éviter le pire…

Cristal et ses amis s'occupèrent d'abord de protéger l'arbre magique. Mais la tâche était colossale. Il aurait fallu des dizaines et des dizaines de fées pour sauver la Vallée.

Tout à coup, Lord Milori apparut, suivi de Darwin et d'autres fées du monde gelé.

– Répandez le givre partout où vous le pourrez !

Une fois les fées à l'abri, Lord Milori posa son épais manteau sur les épaules de la reine Clarion. Les yeux de la souveraine plongèrent avec tendresse dans ceux du Seigneur de l'hiver. Après toutes ces années, elle ne pouvait toujours pas supporter la vue de son aile abimée. Elle lui rappelait leur belle histoire d'amour, qui s'était si mal terminée…

Au bout d'un moment, les rayons du soleil vinrent réchauffer les branches givrées. La glace se mit à fondre, doucement, tandis que toutes les fées retenaient leur souffle… Et soudain…

Le Grand Arbre déversa son flot de poussière de fées ! La Vallée des Fées était sauvée !

À cet instant, Clochette décida d'avouer la vérité : durant son voyage en hiver, l'une de ses ailes s'était abîmée.
Cristal en eut le cœur brisé... Pourtant, elle ne pouvait pas rester à ses côtés, car autour d'elle, l'air se réchauffait.

Tristes de se séparer, les deux sœurs se dirent au revoir, à la manière des fées, du bout des ailes...
Jaillit alors une explosion d'étincelles ! La seconde d'après, Clochette était complètement guérie, comme par magie.

À partir de ce jour, les fées des saisons chaudes purent rendre visite à leurs amies de l'hiver, aussi souvent qu'elles le souhaitaient. Il leur suffisait de recouvrir leurs ailes de givre.

Le bonheur de Clochette et Cristal faisait plaisir à voir, tout comme celui d'un couple longtemps séparé, et finalement réuni…

Disney • CINÉMA

LES CHEFS-D'ŒUVRE

Blanche-Neige et les Sept Nains • 1
Pinocchio • 2
Dumbo • 3
Bambi • 4
Cendrillon • 5
Peter Pan • 6
La Belle et le Clochard • 7
La Belle au Bois dormant • 8
9 • 101 dalmatiens
10 • Le livre de la Jungle
11 • Les Aristochats
12 • La Petite Sirène
13 • La Belle et la Bête
14 • Aladdin
15 • Le Roi Lion
16 • Alice au pays des merveilles

Disney • PIXAR

Cars
Le monde de Nemo
Ratatouille
Wall • E
Là-haut
Toy Story
Toy Story 2
Toy Story 3
Cars 2
Rebelle

Disney

La fée Clochette
Clochette et la Pierre de Lune
Clochette et l'expédition Féerique
Clochette et le Secret des Fées
La Princesse et la Grenouille
Raiponce
Winnie l'Ourson
Les Mondes de Ralph

Pour l'éditeur, le principe est d'utiliser des papiers composés de fibres naturelles, renouvelables, recyclables et fabriquées à partir de bois issus de forêts qui adoptent un système d'aménagement durable. En outre, l'éditeur attend de ses fournisseurs de papier qu'ils s'inscrivent dans une démarche de certification environnementale reconnue.

Édité par Hachette Livre – 43 quai de Grenelle, 75905 Paris Cedex 15
Imprimé par LEGO SPA en Italie – Achevé d'imprimer : octobre 2012
ISBN 978-2-01-460261-6 – Édition : 01 – Dépôt légal : octobre 2012
Loi n°49-956 du 16 juillet 1949 sur les publications destinées à la jeunesse.

Pour tout renseignement concernant nos parutions, nous contacter par téléphone au 01 43 92 38 88 ou par e-mail : disney@hachette-livre.fr